KAMINA
Zwischen Traum und Abgrund

Dichter*innenkollektiv
KAMINA

Zwischen Traum und Abgrund

Gedichte

von

Christian Goltsche
Leslie Green
Cheyenne Leize
Aling Ley
Berta Martín de la Parte
Sofie Morin
Valentina Poveda
Tabea Schünemann
Miriam Tag
Jonathan Wilfling

KURPFÄLZISCHER VERLAG HEIDELBERG

Bibliografische Information der Deutschen Bibliothek

Die Deutsche Bibliothek verzeichnet diese Publikation in der Deutschen Nationalbibliografie; detaillierte bibliografische Daten sind im Internet über http://dnb.ddb.de abrufbar.

Dichter*innenkollektiv KAMINA:
Zwischen Traum und Abgrund
© 2023
Christian Goltsche
Leslie Green
Cheyenne Leize
Aling Ley
Berta Martín de la Parte
Sofie Morin
Valentina Poveda
Tabea Schünemann
Miriam Tag
Jonathan Wilfling

Konzeption, Gestaltung, Satz: Kurpfälzischer Verlag
Umschlaggestaltung: Florian Schmidgall
Druckerei: City-Druck Heidelberg

© 2023 Kurpfälzischer Verlag Heidelberg
Printed in Germany
ISBN 978-3-924566-76-0

Zwischen Traum und
Abgrund

VORWORT

Das Dichter*innenkollektiv KAMINA ist eine studentisch geprägte, aber nicht ausschließlich aus Studierenden bestehende Gruppe aus Heidelberg, die sich regelmäßig in den Räumen des Studierendenwerks Heidelberg über selbst geschriebene Texte austauscht.

Die Gruppe bietet Workshops und verschiedene andere Projekte an, tritt regelmäßig bei den Heidelberger Literaturtagen und im Rahmen des Literaturherbst Heidelberg auf und wächst stetig durch neue Talente aus den Bereichen Lyrik, Prosa und Drama. Sie lebt stark von der Einsatzbereitschaft ihrer Mitglieder. Sowohl erfahrene Autor*innen als auch Anfänger*innen sind dabei vertreten.

Die vorliegenden Texte schrieben verschiedene Mitglieder der Gruppe zum Thema „Zwischen Traum und Abgrund". Herzlich möchten wir uns bei allen bedanken, die durch ihre Spenden zur Realisierung dieser Veröffentlichung beigetragen haben.

KEINE ZEIT FÜR TAUBEN
Aling Ley

Kummer ist eine Wolke
Die hoch am Himmel steht
Hoffnung die weiße Möwe
Die mit den Flügeln schlägt

Wenn man sie fängt
Dann kreischt sie
Wenn man sie schlägt,
dann auch
Sehr gerne aber steigt sie
Vom Kopf aus in den Bauch

Lass diese Möwe ziehen
Bis sie dein Brot dir raubt
Manchmal ist Nahrung alles
Was es für Hoffnung braucht

WEIL HIER DER RHODODENDRON STEHT ...

Aling Ley

Vergänglichkeit ist, wenn die Zeit
So flüchtig man sie misst
Einen Moment lang stehen bleibt
Erinnert statt vergisst

Von nah und fort treibt immerweit
Frühsommers milder Wind
Er selbst birgt die Verlassenheit
Den Alten wie dem Kind

Wo Leben liegt gedeiht auch Tod
Im Friedhof sonnenklar
Doch wo der Städte Herz verroht
Floriert die Geisterschar:

Die rauen Steine schlafen tief
In ältlichem Geäst
Ja selbst im Brunnenschachtverlies
hält Molch und Kraut sich fest

Es grünt so grün im Totenland
Ganz anders hinterm Zaun
Wo schwitzt der Lebendatmer Hand
Und Kräne Wüsten bau'n.

Hades' Botanikpark erreicht
Was ich im Schwinden seh'
Mein nächster Abschied tut vielleicht
Nicht mehr so schrecklich weh

KEINSTES GEMEINSAMES VIELFACHES

Aling Ley

Ganz normale Menschen in einer ganz normalen Stadt
Geruhsam ist ein Leben, das kein Gewissen hat

Überlastung treibt mich vorwärts
darum schreib ich ein Gedicht
Mit dem kreativen Wahnsinn
der mich sonst so sehr vermisst

Bei der S-Bahn auf der Straße sehen mich die Leute an
Doch wie sollte man vermissen was man noch nicht
                                        wissen kann?

„POEMS ARE FOR WEAK DELUSIONISTS."
Aling Ley

Never ask and never fit
Not one crime you did commit
Walk along a different street
Among the street lights secrets keep
Yet untouched while still preserved
Hate bends history in reverse

+++

Search for another devil´s tale
Swallow your poison and exhale
Dreams of a toxic paradise
Foundations based on pretty lies
Mother, brother, state of sin
A crazy world we´re living in …

DER WEIßE REITER

Aling Ley

In der Seele tausend Splitter
Schmiegen sich einander an
Ach wie könnte ich vergessen
Was ich einst gewaltsam nahm?

Tausend Preise, tausend Tore
Standen einmal offen weit
Doch die Götter die mich riefen
Versinken nun im Selbstmitleid

Ach was habe ich gelitten?
Ach was habe ich getan?
Schade, dass die Drogen wirken
Die ich voller Absicht nahm

Ist die Seele erst betrunken
Kippt der Geist vom hohen Rand
Kreist die Welt in ihrer Scheibe
Schmerzhaft wie ein Brustverband

Mag ich auch den Nebel leugnen
Eines ist wohl sonnenklar
Eines Tages endet alles
Mit und ohne grauem Haar.

Warum sollt' ich länger warten
Als ich zwingend muss und doch
Winke ich dem bleichen Reiter
Auf dem weißen Geisterross

Zieh' nur weiter deines Weges
Denn für heute sind wir quitt
Hast genug von meiner Seele
Nimm ein bisschen Schmerzen mit

Bald schon könnte ich dir folgen
Aber vorerst schlag ich vor
Meinen Tintendolch zu schnitzen
Stumme Wörter schreien im Chor:

Einmal hast du mich vergessen
Einmal nahm ich deine Hand
Die mir lächelnd über's Haar strich
Und dann doch allein verschwand.

FREIER FALL
Christian Goltsche

Den lauten Fluch noch auf den Lippen,
Verlassen von Vernunft und Stand,
So schwebt er wie von Häuserklippen
Vorbei an Fenstersims und Wand.

Ein kleiner Fall für einen Menschen,
Ein großer für die Menschlichkeit.
Mag Wind den Schrei auch noch so dämpfen,
Die Flocke fällt tief, wenn sie schneit.

Und ist er noch so einzigartig,
Zehnfacher Salto, Überschall,
So ist er doch ein kurzer Anblick
Und nur ein kleiner Ton verhallt.

EIN HALBES LEBEN

Christian Goltsche

Ein halbes Leben stellt sich diese Frage,
Die den Kopf so einfach nicht verlässt,
Und ungeachtet, ob ich sie ertrage,
Setzt sie sich mit Widerhaken fest.

Ein Blick auf den Kalender lässt mich staunen.
Es gesellt Zäsur sich zu Zäsur.
In Wahrheit kann die Zeit sich uns zwar rauben,
Doch der Mensch stellt noch sich selbst die Uhr.

Die Eile und die Hetze eines Tages,
Stundenglas mit zähem, nassem Sand,
Doch unweit eines kurzen Wimpernschlages
Und gleich einem zeitgerafften Band.

Die Frage flimmert weiter unumwunden,
Leinwand wird das matte, müde Lid.
Das Leben blendet aber ungebunden
Und der Film verblasst wie eh verfrüht.

ICH ERBITTE EINEN FUNKEN

Christian Goltsche

Ich erbitte einen Funken,
der die Kraft mir geben möge,
mich im Falle sanft hochzöge,
wär' ich tief im Eis versunken.

Und so sprach ich, doch ein Schweigen
schlug als Antwort mir entgegen.
Kam die Bitte ungelegen,
zu schwer, um emporzusteigen?

Vielleicht lauter und konkreter
ohne Bitten, Zagen, Hoffen,
ohne Vagheit, völlig offen,
voller Wagnis, indiskreter:

Los, vergib uns uns're Sünden,
während wir die and'rer lösen.
Rettest du uns von dem Bösen,
Winken dann die fetten Pfründen?

„Ei! Wie kannst du nur verlangen,
statt die Schwellen erst zu kehren,
die dich ringsum wie Barrieren,
hier in dem Moment gefangen?

Wir sind Teil von vielen Plänen,
die seit Ewigkeit aushängen.
Sieh nur, in den ganzen Strängen,
sind wir nichts als dünne Strähnen."

All die Pläne, Illusionen,
die nur deinem Kopf entstammen.
Schicksal wandelt unverhohlen,

doch hier kommen wir zusammen:
Will ich meinen Funken holen,
lauf' ich selber durch die Flammen.

DIE LÜGE

Christian Goltsche

Wann immer ich die Mär erzähle,
Verzückt mein Herz wie Liebesglück.
All jene Worte, die ich wähle,
Liegen schon sehr weit zurück.

Geübt, wie alte Kirchenlieder,
Gesungen von demselben Chor,
So träller' ich sie immer wieder,
Trag jedem Ohr sie gottgleich vor.

Denn gibt Verzerrung einer Wahrheit
Nicht schwindelige Schöpferkraft?
Wie schön die mir erfund'ne Freiheit,
Egal, wie falsch und fabelhaft.

Und doch nagt in mir manchmal Zweifel
An meinem Maskeradenhaus.
Auch wenn's Gewissen mir nicht schmeichelt,
Genieße ich doch den Applaus.

So sei mir auch in vielen Jahren
Der Schwindel ungestraft erlaubt,
Denn schließlich kommt er stets in Paaren
Wer ihn erzählt und wer ihn glaubt.

EIN POLAROID VON DAMALS
Christian Goltsche

Ein Polaroid von damals in der Kiste an der Wand,
Es zeigt leicht überlichtet deine Umrisse am Strand.
Und deine forschen Augen steckten hinter dunklem Glas,
Als wussten sie genau, was man in meinen Augen las.

Wir sprangen in die Wellen und wir schwammen weit hinaus.
Wir warfen uns ganz schwerelos, die Welt klatschte Applaus.
Du maltest unsre Namen in ein großes Herz im Sand,
Die Flut nahm es bald mit sich mit, als wär es nicht relevant.

Ich rannte Richtung Hölle, als die Nachricht zu dir kam,
Versuchte mich zu drehn, während der Schwarm mich mit
                                   sich nahm.
Ich blickte stets nach links und rechts, um dich vielleicht
                                     zu sehn
Und dich auf meinem Weg hinaus ganz einfach mitzunehm.

Ich weiß noch, wie du sagtest: Unsre Zeit läuft wie im Sprint,
Doch vielmehr gab es nicht, und unser Lachen nahm der
                                     Wind.
Er trug es kilometerweit, wir folgten hinterher,
Wir rannten durch die Landen und wir schwammen durch
                                     das Meer

Des Nachts saßen wir draußen, hofften Sternschnuppen
                                     zu sehn,
Erzählten uns Geschichten, wie es war, wohin ich geh,
Wenn all das hier vorüber war, wohin der Wind mich zieht,
Und schließlich schickten wir den Wunsch nur einem
                                     Satellit.

SANDUHR

Cheyenne Leize

Staffelläufer,
die die endlosen Runden um die Uhr rennen
und sich ihre Herzen
gegenseitig in die Hand drücken.
Endlose Runden.
Wo ist das Ziel?
Endlose Runden,
die sich wie Ovalbahnen anfühlen,
uneben, ungleich, unfair.
Rückenwind für die Kampfgeister,
die rigoros ihre Zeit stoppen.

Stillstand.

Der Zeiger, denn niemand zeigt sich mehr.
Der Läufer, denn nichts geht mehr.
Der Herzen, denn nichts fühlt mehr.

Wo es sonst Serien von Ereignissen gab,
sieht man nun die bisher ungezeigten Folgen des
                                    Staffellaufs.
Stillstand,
doch nichts steht mehr.
Der Wind verweht die Kartenhäuser.
Verwüstung.
Durch Sanduhren, die die wahre Zeit anzeigen,
auch wenn die Wanduhren schlafen.

Den Schlafsand in den Augen,
träume ich von Morgen
und bemerke nicht, wie der Sand mich unter sich begräbt.
Immer mehr, immer schneller,
als wäre es ein Wettrennen.
Unsere träumenden Seelen schweben zur Oberfläche
und leben das Weitergehen.
Auch ich mache mich wieder auf den Weg.
Endlose Runden,
auf denen ich neue Welten baue.

Und so träume ich von Übermorgen.
Endspurt,
Finale.
Doch nur einer der Staffelläufer,
die die endlosen Runden um die Uhr rennen
und sich ihre Herzen
gegenseitig in die Hand drücken.
Am bitteren Ende die Erkenntnis,
dass meins all die Runden schon
unter der Erde lag.

MENSCHEN
Cheyenne Leize

Die Lebenden.
Die Toten.
Grabbesuche,
verwelkende Kränze,
Glanz und Heiligtum,
Jenseits als Ziel.

Verwelkende Kränze,
Schnittblumen in Hades' Vase,
Schön, doch seelenlos.
Entfalten ihre Pracht,
indem man ihre Geister ertränkt,
nachdem sie schon gestorben sind.

Die Lebenden.
Die Toten.
Alle begraben
unter ihren Träumen.

Die Lebenden.
Die Toten.
Dazwischen
Die Menschen.

HÖLLENFEUER

Cheyenne Leize

Höllenfeuer,
das meinen Tag erhellt, in mir lodert, während ich
hinabsteige
in den Abyss, leise Glut,
Schwelbrand,
der mein Fleisch verätzt,
Schwelbrand,
leise,
immer lauter,
laut meinen Sinnen nicht mal da,
Schwelbrand, der mich einnimmt.
Ich stürze mich in die Glut und merke,
ich brenne auch, für etwas, für mehr
Glut, die in mir den Mut erweckt,
zu sein.
Hinabzugehen,
in diese Hölle
und zu wissen,
dass das Feuer mich einfangen wird,
mir die Luft ausgeht, mein Wasser verdunstet und
nur die Asche zurückbleibt.
Asche, die mich erhält,
Asche, die mich neu kreiert,
mich kremiert,
dabei krepiert,
immer wieder,
und doch die Asche, die ich jetzt schon bin.

Einzig Reliquie vergangener Sünden.
Grau, ganz ohne Lebenslicht.
Es ward Nacht.

INKARNATION

Cheyenne Leize

Inkarnation,
das Blut tropft aus mir.
Flüsse stürzen sich in das rote Meer
unter meinen Füßen.
Lache,
doch ich lache über die, auf die es regnet,
Wolken türmen sich auf,
ich habe es gewollt.

Inkarnation, als das, das uns die Macht gibt,
elektrisierend zu sein.
Blitz und Donner,
ich sehe die Strommasten in der Ferne,
aber bin doch selbst nur in Mast.
Mehr Material,
mehr Imagination,
sehe mich auf dem Götterwagen,
meine Sonnenkrone tragend,
spreche die goldenen Worte
und steige empor gen Himmel.
Wehe im Wind
und versprühe meine Kraft.

Sprühe doch nur Blut.
War Mensch geworden,
Fleisch und Blut und Geist,
der mich in meinen Träumen schlachtet.

Wir sind Jäger und Sammler,
sammeln Erfahrungen,
jagen den Siegen nach
und verrennen uns immer wieder in unseren Idealen,
während die Zeit abläuft.
Uns überläuft,
in uns eintrampelt,
in uns einsticht,
uns aufgabelt.
Weggabelung,
zweischneidiges Schwert,
mit dem sie uns langsam, aber sicher verenden lässt.

Was macht den Menschen?
Macht.
Dinge zu schaffen,
Denken zu schaffen,
Ideen zu schaffen,
Arbeit.
Die mich schafft.
Zähgekocht
nage ich an meiner Existenz,
reinige den Tod vom Leben
und bin der Mensch schon lange nicht mehr
wenn die Zeit abläuft.
Apokalypse.
Apotheose.
Dies Irae.
Das Mahl ist eröffnet.

So fließt der letzte Tropfen Blut
und hinterlässt das Fleischgewordene.

SCHLUSSWORT
Cheyenne Leize

Schlusswort,
oder das Wort im Anfang.
Schlüsselwort,
Passwort.
Passe ich hinein?
Schlüssel-Schloss-Prinzip, du malst meine Bahnen,
Tür zur neuen Welt,
doch das Schloss davor.
Eine Hochburg.
An den Seiten die aufgetürmten Gedanken,
in der Mitte die emotionale Fassade und unten,
ganz unten das Verlies der Verlassenen,
weggegebene Chancen,
ausgehöhlt und das Luftschloss darüber.
Zusammengefallen
Ineinandergefallen
Einander gefallen
Anderen gefallen
Zu deren Gefallen
Fallen.

Aus der Pracht und dem Komfort des Himmelsschlosses
hinunter auf den Boden der Tatsachen.
Harter Aufprall,
doch nötig, um sich die Flügel zu brechen,
daran zu zerbrechen und dann
wieder aufzubrechen,
zu Fuß.

Boden der Tatsachen, ebenerdig,
denn es ist eben die Erde.
Kleine Kugel im Nichts, wir noch weniger Nichts.
Und doch etwas, wenn ich in den Himmel schaue,
Wolken, und alles was ich in ihnen sehe.
Gedankenblasen, Seifenblasen,
Himmelsschloss.
Neue Chancen für die Himmelsstürmer.
Mit Kraft baue ich die Flügel wieder,
zerbreche und breche auf,
in diese neue Welt.
Meine Welt.
Nur Luft und Wasser, verdichtet zu Wolken.
Zusammengefallen,
Ineinandergefallen,
Einander gefallen,
anderen gefallen
Zu deren Gefallen.
Fallen.

Die wir uns selbst stellen.
Uns selbst diese Luftschlösser bauen,
damit wir an ihnen zerbrechen können.
Wie der Schlüssel im Schloss, wenn man zu fest dreht.
Bleibt stecken, selbst wenn die Welt sich weiterdreht.
Vielleicht soll er das auch,
denn es passt.
Doch auch dann geht die Tür nicht auf,
du malst meine Bahnen, ich klopfe und gefragt wird
nach dem Passwort.

Weiterreden muss ich. Weitergehen, weiterlaufen,
auf dem Boden der Tatsachen, denn nur so
bekomme ich die Kraft zum Sprung in den Himmel.
Du malst meine Bahnen,
Tür zu einer neuen Welt,
mit dem Schloss davor.
Falltür.

ALBTRAUM

Jonathan Wilfling

Die Beine scheinen schleichend zu versteinern;
Granitne Schwere klemmt sich an die Schritte,
Die sich zu steifem Staksen jäh verkleinern,
Als ob mir Feldspat durch die Glieder glitte –
Bewegungen, die größern wie die kleinern,
Versiegen in des Kellerganges Mitte.
Am Boden kriechen Spinnen, halb erfroren,
Der Atem pocht schon sanft in meinen Ohren.

Daneben hallen Tropfen in den Wänden;
Der Putz ist übersät von dunklen Flecken,
Die sich zu Fenstern wandeln, die zu schänden
Ein Schauer sie mit Asche will bedecken;
Denn wieder steig ich Stufen, die nicht enden
Auf Treppen, die ins Nirgendwo sich recken.
Der Willkür Zauber weist ins Ungefähre,
Eh ich zurückfall in des Kellers Leere.

Das Dunkel drückt. Ich seh der Hände Beben
In Schemen bloß, doch fühle ich ihr Zittern.
Da höre ich ein Kreischen sich erheben.
Der Mörtel bröckelt; Tosendes Gewittern
Zerbirst der Wände Stein, der Decke Streben.
Und näher dringt, in ungestümem Schlittern,
Der Schreie Ursprung aus des Hades Toren –
Der Atem pocht wie wild in meinen Ohren.

SPÄTER ABEND

Jonathan Wilfling

Winde klappern
Auf den Dächern
Greise plappern
Neben Zechern

In verrauchter
Schunkelschenke
Duft verbrauchter
Kiefernschränke

Aus den Fenstern
Flackerlichter
Es gespenstern
Bleich Gesichter

Eines stierend
Hinter Blättern
Tinte schmierend
Breit in Lettern

Lange Briefe
Leere Worte
Flache Tiefe
Tote Orte

Alles strebt dem Ende zu
Jeder Atem, Ich und Du

TRAUMGESICHT

Jonathan Wilfling

Plötzlich bist du mir erschienen,
Antlitz, rätselhaft und bleich!
In den Gräsern schwirrten Bienen,
Und die Wiesen blühten reich.

Birken fassten in die Sterne,
Wipfel schlossen Wolken ein,
Da du tratst aus grauer Ferne
Zu mir, der ich stand allein.

Deine Augen trugen Bläue.
Milchig waberte des Lichts
Breiter Kegel, der in scheue
Blicke schien des Angesichts.

Denn des Helios Sonnenwagen
Gleißte wie noch nie gesehn,
Fuhr hinauf in hohe Lagen
In verliebter Winde Wehn.

Und wir gingen wie auf Kissen
Durch das gelb durchwirkte Korn,
Jede Last von uns gerissen,
Stillgelegt der Bosheit Born;

Bis wir plötzlich uns verloren ...
Gerne würde ich's verstehn, –
Antlitz, das mir auserkoren,
Mag dich nicht im Traum nur sehn!

UNTERGANG

Jonathan Wilfling

Die rauchigen Wirbel in dräuender Schwärze
Sind heute durchdrungen von helllichter Glut;
Dem Aufflammen gleich einer qualmenden Kerze
Blitzt feurige Wollust in spiegelnde Flut.

Daneben, am Ufer schon langsam verbleichend,
Stehn Häuser, gegürtet mit Teer und Trottoirs,
Ein letztes Mal schwanger von Licht und entweichend
Der nahenden Nacht, die sich selbst kurz vergaß.

Die Wiese am anderen Ufer vernieselt,
Geleert von des Regens umtriebigem Guss
– In Nachmittagsstunden danieder gerieselt –,
Beherbergt sie Schwermut und müden Verdruss.

Nur mittig im Fluss regt sich, senkrecht beschienen
Vom flackernden Leuchten, ein einsames Schiff,
Und gackernde Gänse ziehn nach wie auf Schienen
Als Zeugen vorm richtenden nächtigen Griff.

VERSCHWINDEN

Jonathan Wilfling

Wie ist es möglich, endlich zu entfliehen
Den Unglücksfäden, die das Tagwerk spinnt?
Ich möchte heiter lachend weiterziehen,
Dahin, wo jedes Tier bedächtig sinnt,

Das vormals hat in blanker Furcht geschrien.
Selbst Brennnesseln wärn zartblättrig und lind,
Und Rosen wären dornenlos gediehen,
Die Blüten wüchsen haltlos und geschwind.

Des Nachts wird dieses Wunder uns geliehen
In Tröpfchen, deren jeder gleich zerrinnt.
Es ist ein Rasten; dauerndes Entfliehen
Misslingt, da überall Barrieren sind.

A GOOD RIDE

Les Green

I am standing at the Abyss
Wondering what I will miss
The dreams of my youth
The realities of truth

It is not for me to decide
Was it a good ride
I gave it my best
I passed the test

As it comes to an end
I cannot begin
To face it my friend

It all turns to dust
And face it
I must

A BAD DREAM
Les Green

Between Dreams and Abyss
A deep and bottomless pit.

I search the darkness for the light
I sometimes find it late at night
Is it real or just my fright

I am lost it seems
Lost in my soul and in my dreams

As I struggle
I lose ground
Or does it just go back around

Please do not awaken me
The fear of God stirs in me

Or is it something terrible within me
Something so terrible
Yet so divine

It remains with me
All the time

As if I have fallen
In a pit
A pit so deep

I cannot climb out
All I can do is shout

But no one hears me
As it seems
This is nothing but a dream

NEVER MEANT TO BE

Les Green

It was never meant to be
But all that I could really see
That it was right for me

I worked so hard
Trained for years in the yard

Never taking a break
It was more than I could take
But there was so much at stake

Sometimes when I stare into the dark
I wish that I was still at the ballpark

But alas for me
It was never meant to be

THE PAST

Les Green

I try to remember when I started this game
All the days run together as if each were the same
All I have is the memories that remain

Ah but what memories they are
Of hitting the ball so very far

And running like the wind
So quick and so fast
How was I to know it would not last

WHEN IT ENDS

Les Green

I wake up in the middle of the night
Wondering if I can still do it right
I doubt myself
But still trust myself

As the years go by
I get farther from my dreams
Or so it seems
I get lost in the little things

All the details mean so much
I will miss it when it is gone
But I try to keep my touch

It will be hard when it ends
The summer dreams
And all that they mean

ZWISCHEN TRAUM UND ABGRUND –
EINE REIHE GEDANKEN

Tabea Schünemann

Irgendwo zwischen Traum und Abgrund
tanzten wir beide Chachacha
Irgendwo zwischen Illusion und Wirklichkeit
hieltst du mich ganz fest
Irgendwo zwischen Liebe und Verzweiflung
gab ich dir meine Hand
Irgendwo dazwischen habe ich mich selbst verloren
Und die Hoffnung
Doch ich werde schon ankommen
Irgendwo dazwischen.

Hier dauern Pandemien zu lange
und Beziehungen zu kurz
Es werden Verbrechen verbrochen
und Versprechen gebrochen
Die Erde wird heißer
das soziale Klima kälter
Pflege am Ende ihrer Kräfte
Wer macht Seelsorge für Seelsorger?
Teure Uhren, aber keine Zeit
Wirklich schnell nur fashion und food
Und wir, wir rasen auf den Abgrund zu
Ohne Tempolimit
Hat jemand hier noch einen Traum?

Zwischen Traum und Abgrund
ist ein Seil gespannt und
wir versuchen, darauf zu tanzen
Spannung.
Aber warum Angst, zu fallen?
Zwischen Traum und Abgrund
liegt doch nur der Boden der Tatsachen.

Seiltänzer, tanz mit mir
Auf dem Seil zwischen Traum und Abgrund
Auf dem Seil, Tänzer, tanz ich mit dir
Nichts hält mich davon ab und

Ich halte deine Hand
So gehen wir beide, Schritt für Schritt
Die Schritte sind dir doch bekannt
Ich tanze hier und du tanzt mit

Zwischen Traum und Abgrund
haben wir uns gefunden
Irgendwo. Hier.
Seiltänzer, tanz, schau nicht nach unten
Schau nur nach vorn und zu mir.

WIR FLIEGEN DER MORGENDÄMMRUNG ENTGEGEN

Berta Martín de la Parte

Adele hatte in Schüben geschlafen, in Anfällen, im Takt des Sekundenzeigers, mit diesem unerträglichen Tick-Tack, das aber notwendig ist, um die Realität, den Begriff der Zeit, nicht zu verlieren. Denn es machte ihr nichts aus, diese Brille mit den Vergrößerungsgläsern zu tragen oder den allmählichen Verlust ihrer grauen Haare zu beobachten; sie war einfach da, sie fühlte, sie litt unter Einsamkeit.

Ihr Gemütszustand war so ausgeprägt, dass sie vor einer Woche einen ständigen Dialog mit sich selbst und mit ihren neuen und kürzlich entdeckten Begleitern ihrer Einsamkeit begonnen hatte:

Tagsüber unterhielt sie sich angeregt mit den Zeichnungen auf den Tapeten, die die Wände bedeckten. Abends schaltete sie den Kronleuchter ein, und sofort traten magische und wunderbare Effekte in Form von Schatten auf, ein Effekt der Reflexion des Lichts auf dem von der Decke des Wohnzimmers hängenden Kronleuchter aus Muranoglas, so dass Adele in die Betrachtung des Schauspiels vertieft war und ein transzendentales Gespräch mit der Stille beginnen konnte.

Sie hatte allen einzelnen Symbolen, Figuren und Blumenmotiven einen Namen gegeben. Sie hatte gelernt, mit ihnen ihre Erinnerungen zu teilen, die in letzter Zeit von ihrer Vernunft brutal umarmt worden waren. Sie war so lange isoliert gewesen, dass sie es nicht über sich brachte, aus der Haustür auf die Straße zu gehen. Einerseits wegen der Einsamkeit, die ihr die Pandemie auferlegt hatte, und andererseits wegen der selbst gewählten Einsamkeit.

In den Zeiten der größten Trostlosigkeit, von denen es viele gab, verbrachte sie diese auch damit, die Bilder an den tapezierten Wänden zu betrachten, bis sie sich in sie hineinversetzen konnte; sie begann eine Reise durch die grüne französische Landschaft und roch das Aroma von Lavendel; sie ritt auf dem Rücken eines weißen arabischen Pferdes an den weißen Sandstränden entlang, während der Himmel sich bunt färbte.

In letzter Zeit konnte Adele, die von so vielen Erinnerungen überwältigt wurde, eine von ihnen nicht mehr loswerden: die Umarmung, die mit Worten verwoben war, und die Küsse, die ihre Spuren auf ihrer Haut hinterließen, mit Düften aus Sehnsüchten, in einer Zeit, die nicht mehr aufzuhören schien und die niemals verschwinden würde. Umarmungen und Küsse von ihrer ersten Liebe, einem hübschen jungen Mann namens Louis. Adele, die ihn jeden Tag mit ihrem Blick fixiert: Er mit dem ganzen

Glanz der Jugend neben ihr. Der Augenblick schien in dem Bild stehen geblieben zu sein, das in einen goldenen Rahmen eingefasst war, der von Jahren, Monaten, Tagen, Minuten und Sekunden geschmiedet wurde. Im Hintergrund schwebte eine Möwe durch die Weite des blauen Himmels, frei, mit ausgebreiteten Flügeln und hellen Federn, die von den Strahlen der frühen Morgensonne getränkt waren.

Heute hörte Adele in den Radionachrichten, dass ab morgen die restriktiven Maßnahmen der Pandemie verschwinden werden. Die Menschen werden ohne Einschränkungen auf die Straße gehen können, innehalten und die Schaufenster mit den neuen Modellen für den nächsten Sommer betrachten, einen Aperitif auf den Terrassen der Bars trinken, lächeln können, ohne dass das Lächeln hinter einer Maske gefangen ist. Im Radio wurde gesagt, dass ein neues Syndrom entstanden ist, das sogenannte Cabin-Syndrom.

Für Adele klang das alles wie eine fremde Sprache; aber seltsamerweise haben die neuen Nachrichten in ihr einen solchen Zustand der Beunruhigung ausgelöst, dass sie eine Entscheidung getroffen hat. Sie ist sehr müde, sehr satt. In Wirklichkeit und auch wenn es paradox erscheinen mag, verspürt sie nicht mehr das Bedürfnis, in das soziale Konglomerat zurückzukehren ... Sie hat keine Kraft oder Lust mehr.

Sie möchte verschwinden, sich ganz in die Umgebung der sie umgebenden Wände integrieren, für immer mit der Landschaft verschmelzen, aber vor allem möchte sie an die Seite ihrer ersten Liebe zurückkehren. Der eine, ihr Louis, den sie nie wieder gesehen hat, nachdem er nach Holland ausgewandert war. Er verließ sie mit vielen Versprechungen; sie hielt sich an die Geste des Abschieds und begleitete ihn lange Zeit auf seinen Wanderungen mit Briefen, fernen Punkten und Kommas, bis sie eines Tages beschloss, den Wagen der Illusionen zu verlassen, indem sie an einem der Bahnhöfe ausstieg, die ihr Louis betreten hatte und wo er Adele in einem Labyrinth von Bahnsteigen und Verzweiflung verlor.

Der Moment ist gekommen. Adele lehnt sich im Sessel zurück, schließt die Augenlider, entspannt sich und wartet. Mit den letzten Tick-Tacks hört sie es, lauscht danach. Es ist Discomusik. Sie riecht schon die Dämpfe der Getränke. Sie sieht ihn durch den dichten Vorhang aus Zigarettenrauch auf sich zukommen, umgeben von einem Heiligenschein der Leidenschaft. Er kommt auf sie zu, sie lächeln beide, sie küssen sich, sie berühren sich, sie riechen sich, sie fühlen sich ...

-     *Hallo, mein Leben!*
-     *Hallo, meine Liebe!*
-     *Sollen wir weggehen?*
-     *Ja, wo immer du hin wolltest!*
-     *Lasst uns zu der Möwe gehen, die schon*

so lange auf uns gewartet hat, mit ausgebreiteten Flügeln, bedeckt mit leuchtenden Federn, mit goldenen Pinselstrichen der Sonnenstrahlen dieses frühen Morgens. Meine Liebe, lass uns unserer Morgendämmerung entgegenfliegen!

VOLEMOS HACIA NUESTRA MADRUGDA

Berta Martín de la Parte

Adele había dormido a ratos, a trompicones, a golpe de segundero, con ese machacón e insufrible aunque muy necesario tic-tac. Necesario para no perder la realidad, la noción del tiempo. Porque a ella no la importaba tener que utilizar esas gafas con lentes de aumento, ni observar en el peine los pelos canosos que se desprendían de su cuero cabelludo; simplemente ella existía, sentía su peso, padecía de soledad.

Era tan marcado su estado anímico, que ya llevaba una semana en un diálogo permanente consigo misma y con sus nuevos y recién descubiertos compañeros de soledad:

Por el día conversaba animadamente con los dibujos que cubrían las paredes. Por las noches era conectar el interruptor de la lámpara para que inmediatamente surgieran efectos mágicos y maravillosos.en forma de sombras chinescas, un efecto de reflexión de la luz sobre la lámpara de cristales de Murano colgada en el techo del salón. Adele ensimismada contemplaba el espectáculo e iniciaba una conversación trascendental con el silencio.

A cada uno de los símbolos, figuras, motivos florales, les había dado un nombre. Aprendió a compartir con ellos sus recuerdos, que últimamente estaban brutalmente abrazados a su razón. Llevaba tantísimo tiempo aislada que para ella, aunque lo añoraba, no se atrevía a atravesar la puerta de entrada, que la separaba de la soledad elegida de la impuesta por las circunstancias pandémicas.

En los ratos de mayor desconsuelo, que eran muchos, también los pasaba contemplando los cuadros que colgaban de las paredes empapeladas, hasta llegar al punto de introducirse en ellos, iniciando un viaje a través de las verdes campiñas francesas con olor a lavanda; recorría las playas de blancas arenas a la hora en el que color del cielo era multicolor mientras cabalgaba a lomos de un corcel blanco de raza árabe.

Últimamente Adele abrumada por tantos recuerdos, no lograba despegarse,especialmente de uno de ellos: del abrazo tejido con palabras, y de los besos, que dejaron sus huellas impregnadas en su piel, con aromas hechos de deseos, en un tiempo que pareció detenerse y que nunca desaparecería. Abrazos y besos de su primer amor, un guapo mozo, de nombre Louis. Adele con la mirada fija le ve a diario: él con todo el esplendor de la juventud, junto a ella. El instante parece haberse detenido en la imagen enmarcada en un marco de oro forjado por los años, meses, días, minutos y segundos. Al fondo, detrás de ellos, una gaviota surcaba el espacio de un cielo azul, libre, con sus alas desplegadas y las plumas brillantes impregnadas por los rayos del sol de la madrugada.

Hoy, Adele ha escuchado en las noticias de la radio, que a partir de mañana, las medidas restrictivas de la pandemia desaparecerán. La gente podrá salir a la calle sin restricciones, pararse a ver los escaparates engalanados con los nuevos modelos para el próximo verano, tomar el aperitivo en las terrazas de los bares, sonreír sin que las sonrisas queden atrapadas detrás de una máscara. Decían en la radio que ha nacido un nuevo síndrome, le denominan El síndrome de la Cabaña.

A Adele todo eso le sonó a lenguaje extranjero; pero curiosamente las nuevas noticias han provocado en ella tal estado de ansiedad, que ha tomado una decisión ... Está muy cansada, muy harta. En realidad y aunque parezca una paradoja, ella ya no siente la necesidad de retornar al conglomerado social. No le quedan fuerzas ni ganas ...

Quiere desaparecer, integrarse del todo en el entorno de las paredes que la rodean, fusionarse con el decorado para siempre, pero en especial desea regresar al lado de su primer amor, su Louis, al que no volvió a ver después de que emigrara a Holanda. Él se fué dejándole muchas promesas; ella se quedó enganchada al gesto de despedida, acompañándolo durante largo tiempo en sus andanzas con letras,de lejanos puntos y comas, hasta que un día ella decidió abandonar el vagón de las ilusiones, apeándose en una de las estaciones que su Louis había pisado, perdiéndose Adele en un laberinto de andenes y desesperanzas.

Ha llegado el momento ... Adele recostada en el sillón, cierra los párpados, se relaja, quedándose a la espera ... Con los últimos Tic-tacs lo oye, lo escucha ... Es música de discoteca ... Ya puede oler los efluvios de las bebidas ... Lo ve acercarse atravesando la cortina espesa del humo de los cigarrillos, rodeado de un halo de pasión ... Se acerca, ambos sonríen, se besan, se tocan, se huelen, se sienten ...

-        *¡Hola mi vida!*
-        *¡Hola mi amor!*
-        *¿Nos vamos?*
-        *¡Sí, a donde tú quieras!*
-        *Subamos a la gaviota, lleva demasiado tiempo esperándonos, con sus alas desplegadas, cubiertas de plumas brillantes, con pinceladas doradas de los rayos del sol de esta madrugada, ¡Querida volemos hacia nuestra madrugada!*

DER TRÄGER DES LICHTS

Valentina Poveda

Der Träger des Lichts wurde geboren,
seine Flügel waren himmelweiß,
sein Haar fiel in sanften Locken.

Seine Augen glänzten wie zwei Sonnenstrahlen
und guckten einladend um sich herum.
Sie waren lebendige Juwelen,
das Herz aller Meere,
der Spiegel,
in dem sich Gott anschaut.

Seine Schönheit wurde bewundert
und seine Klugheit, sein Fleiß,
sein Gesang unter der Sonne
und sein Gebet unter den Sternen.

Doch Bewunderung seiner Brüder wollte er nicht.
Er schaute hoch zu seinem Vater und sang für ihn.
Er sang für ihn ...
Er sang für ihn ...
Aber sein Vater hörte ihn nicht.

Er schaute hoch zu seinem Vater und fragte ihn:
„Findest du mich nicht schön?"
Der Träger des Lichts
sah nur sein Gewand
und nicht sein Gesicht.
Daher sah sein Vater ihn nicht.

Nur eines Tages stellte
sein Vater ihm jemanden vor:
„Mensch soll er heißen
und er soll mich lobpreisen.
Wir müssen sie beschützen
und lieben und um sie sorgen,
unter uns'rem Schutz fühlen sie sich geborgen."

Der Träger des Lichts wunderte sich,
dass es so ein nutzloses Geschöpf gab.
Er fragte seinen Vater,
ob es nicht vielleicht besser wäre,
so eine Idee aufzugeben
und lieber ihm und seinen Brüdern,
aber vor allem ihm,
Aufmerksamkeit zu geben.
Sein Vater kam zum ersten Mal herunter
und kniete sich vor ihm hin
wie vor ein kleines Kind.
Die Augen des Vaters
trafen
die Augen des Sohnes.
Und der Sohn erkannte,
dass der Vater ihn nicht wirklich sah,
sondern sich selbst in seinen Augen suchte.

Er verstand. Er hasste.
Er ging in einen Kampf,
der schon von Anfang an
verloren war.

Sein Vater sah ihn.
Und er sah ihn wirklich
zum ersten Mal.
Der Träger des Lichts dachte
mit verwelkten Locken
und verdorbenen Flügeln:
„Ich würde es nochmal machen."

Seine Federn fielen langsam ab
wie die Blätter eines Baumes
und ließen ihn genauso nackt.
Die Röte seines Gesichts
zerbrach in scharfen Scherben:
eine kurze Einleitung zum Sterben.

Er schloss seine Augen
im verzweifelten Versuch,
ihr Licht vorm Entgehen zu retten.
Als er sie aufmachte,
befand er sich in der Luft.
Es half nicht zu beten
und er fiel tief
und tiefer

so tief.

Der Träger des Lichts ohne Licht.

Es erschien ihm,
als ob der Fall
nie enden würde.
Sein Herz wurde kleiner
wie eine modrige Frucht.

Und er fiel auf den heißen Stein,
von Feuer umgeben.
Und erst als er fiel, wurde ihm klar,
dass der Himmel nur ein Traum gewesen war
und dass er jetzt zum ersten Mal
wach war.

MAN KANN NUR HOFFEN

Valentina Poveda

Man kann nur hoffen,
dass es noch Hoffnung gibt.
Wenn hinter dem Lächeln
sich lebende Ruinen verstecken,
wenn jedes Herz einen Panzer
vor seinem Kern gebaut hat,
wenn du und ich uns nicht mehr
berühren können,
kann man nur hoffen,
dass es noch Hoffnung gibt.

Aber es ist leider so,
dass man doch die Augen aufmacht
und ein schuhloses Kind sieht.
Die eigenen Schuhe sind ihm viel zu groß.
Es ist leider so,
dass man die Wunde doch spürt.
Wann wird sie denn verheilen?
Kein Pflaster auf dieser Welt bleibt kleben.
Nun ist es leider so
und ich muss es leider sagen,
dass die eigenen Schritte
nirgendwohin führen.
Es kostet doch weniger Kraft,
stehen zu bleiben.

Daher kann man nur hoffen,
dass es noch Hoffnung gibt,

dass es andere gibt,
die dem schuhlosen Kind
ihre Schuhe schenken
und fest daran glauben,
dass es ihm hilft.
Man kann nur hoffen,
dass es Ärzte gibt,
die wissen,
wie man Wunden heilt.
Man kann, nein, man muss hoffen,
dass es Retter gibt,
die davon überzeugt sind,
dass sie vorankommen,
auch, wenn sie an der Stelle bleiben.

NEIN, SAGEN SIE MIR NICHT, DASS ICH KRANK BIN
Valentina Poveda

Nein, sagen Sie mir nicht, dass ich krank bin.
Ich merke doch selber,
dass es keinen Sinn hat.

Nein, sagen Sie mir nicht, dass ich krank bin.
Krank sind die anderen, diejenigen, die nicht wissen,
dass sie eine Illusion leben und wenn diese endet,
sie gerne der Fisch wären, der im Fluss ertrinkt.

Nein, sagen Sie mir nicht, dass ich krank bin,
wenn diese Zelle nur eine Kiste ist,
trotz Büchern und Fenstern
bleibt sie ein Gefängnis.

Nein, sagen Sie mir nicht, dass ich krank bin,
verteilen Sie keine Pillen unter meiner Zunge,
es bringt nichts. Ich habe mehr Angst vor Ihnen
als vor dem Tod. Und Sie wollen mich nur fesseln.

Nein, sagen Sie mir bitte nicht, dass ich krank bin,
ich weiß, mich zu heilen. Ich weiß, dass es nicht geht.
Sie können so tun, als wären Sie ein Arzt.
Aber ich bin da draußen gewesen, im Leben.

Nein, sagen Sie mir nicht, dass ich krank bin,
verwandeln Sie mich nicht mehr in einen Studienfall.

Schicken Sie mich raus, ich will die Blumen riechen
und mir Würmchen auf die Brust legen.

Nein, sagen Sie mir nicht, dass ich krank bin.
Mir wurde der Körper schon in Rezepten eingepackt
und ich bin trotzdem noch nackt.

Nein, sagen Sie mir nicht, dass ich krank bin,
Sie werden meinen Geburtstag ruinieren
und keiner mag es, niemanden zu haben,
um die Kerzen auszupusten.

Nein, sagen Sie mir nicht, dass ich krank bin.
Sehen Sie nicht, dass die Leute so tun werden,
als würden sie sich sorgen?
Sehen Sie nicht, dass sie mir helfen wollen würden?

Nein, ich bin nicht krank,
ich bin die einzige, die die Welt versteht.
Das Leben verteilt Schläge
und ich tue nicht so, als würde ich nicht daran sterben.

UNSCHULD

Valentina Poveda

Die Hose mit Gänseblümchen,
das Hängerkleid mit Leopardenmuster,
der Bikini mit Neckholder,
das Oberteil mit Ketten,
das XXS-Kleid mit Schlitz,
die Jeans mit hoher Taille,
der Rock mit Rüschen.

Die rostige Nähmaschine,
das Kind ohne Zeigefinger,
die drei Münzen,
der ewiglange lila Stoff,
die Wärme und Hitze,
die Überüberstunden,
die Schreie und Tränen.

Die Shorts mit gerolltem Saum,
die Bluse mit Bogenkante,
die Jogginghose mit Zierstreifen,
der Badeanzug mit Farbblock,
die Höschen mit Buchstabenband,
das Top mit Galaxis-Muster,
die marmorgraue Leggings.

Der vergiftete Fluss,
die bunten Fetzen,
die überfüllten Wagen,

das nicht ausreichende Feuer,
der schwarze Rauch,
der Berg aus Stoff,
die Landschaft aus Müll.

Erhalten Sie 25% Rabatt.

WIR POKERN MIT PILLEN

Valentina Poveda

wir pokern mit pillen
ich erhöhe die wette
wer hätte es gedacht
er hat noch mehr tabletten

wir pokern mit pillen
werde ich jetzt glück haben?
er schlägt auf den tisch
es riecht nach gewinn

wir pokern mit pillen
ich habe kein geld
ja vielleicht schmerzen
spielen auch auf dem feld

wir pokern mit pillen
hatte der arzt recht?
wir werden's erfahren
morgen oder in vielen jahren

wir pokern mit pillen
der arzt hat verfehlt
und als ich es merke
ist es zu spät

wir pokern mit pillen
ein neuer gegner
ich wette die hälfte
ich wette nicht weniger

wir pokern mit pillen
werde ich gewinnen?
wir ziehen die karten
nur nicht verlieren

wir pokern mit pillen
es dauert zu lange
ich würde ja aufhören
wäre mir nicht so bange

wir pokern mit pillen
ich habe zehn gegner
ein ewiges spiel
für dich wär's zu viel

wir pokern mit pillen
ich brauche die pillen
er gibt mir die pillen
ich schlucke die pillen

TRAUMGRÜNDE
ein lyrischer Dialog von
Sofie Morin {S} & Miriam Tag {M}

{S} Mir ist als hätten wir ein Seil gespannt. Vom Schloss zur Heiliggeistkirche und immer weiter von dort. Nun balancieren wir überm Abgrund, den keine von uns benennen will. Nur dem geben wir Namen, das wir besitzen wollen. Und das ist nicht viel, denn die Erde soll freien Lauf haben wie wir. Sie gehört uns nicht.

Mir ist als hätten wir ein Seil gespannt. Zwischen Nacken und Schulter dieser Stadt. Dazwischen die Zahnradbahn, ein Brunnen, die Stadttauben, all das gehört nicht ohne weiteres dazu. Es gibt noch so viel zu entdecken. Wir verstehen die eigenen Leiber überm Abgrund als Wegweiser dafür. Und wissen, wir können selbst hier ein Zuhause finden.

Mir ist als hätten wir ein Seil gespannt. Verbindet dich und mich, und ab jetzt sind Gründe frei von Schuld. Du hast mir von Schafen auf der Schlosswiese erzählt und von den weitläufigen Pfaden, die du ihretwegen gehst. Und wie gern ich mit dir mitkomme! Du umspannst die Erde und liebst dich besonders in Tiergestalt, also weiß ich deine Kraft trägt über jedwede Stranglast hinweg. Und ich hoffe du nimmst das Beste an, wenn ich sage, ich überlasse dir den Traum.

{M} Im Traum balanciere ich auf einem Seil.
Es ist dick, ein vielfach gezwirbelter Strang. Im
Traum rutscht das Seil unter meinen Füßen
weg, aber ich falle nicht. Die Luft, sie reicht.
Die dichte Atmosphäre der Erde, sie fängt mich
auf.

{S} Dein Traum weiß alles von seiner Leiblich-
keit und ich achte ihn dafür. Du bringst unter
die Füße, deine und meine, was an Stofflichkeit
uns gefehlt hat.
Wie du sprichst, höre ich das Sirren des ge-
spannten Seils, kurz bevor es sich deinen Fuß-
sohlen entwindet, weiß dich beflügelt und auch
den Ort, an dem du landen wirst, heute.
Ich warte, den Rücken an den warmen Sand-
stein gelehnt, schmecke Rosa und Rau auf der
Zunge und seh dich lächelnd nahen.

{M} Mein Körper naht sich. Ich balanciere auf
einem Seil, das sich über den Abgründen mei-
nes Körpers spannt. Willst du deinen, wirklich,
ganz?

{S} Lass uns tauschen, nur für einen Atemzug.
Du wärst mein Abgrund und ich dein Traum,
das Sein und das Hautnahe traumhaft vertan.
Du weißt schon, ich weiß schon, wir schreiben
immer nah an Abgründen. An jenen, mit denen
wir so viele Male intim geworden, und jenen,
die uns noch nie erblickt. Aber nichts vergilt
uns die Spannung, die wir erzeugen, quer übers

Fleisch, in das die Luft scharf einschneidet. Nichts hält uns als der Wille, die immer nächste Zeile zu schreiben. Über dem Bodenlosen hängt die Poesie wortvertäut, ihre Wurzeln haben wir im Koniferengarten gesucht und unseren Fund mit Vorbeikommenden geteilt. All unser verträumtes Tun nimmt unserer Höhenangst nichts, bietet allein den heilen Luftraum um die Romantik feil. Der Sandstein aber, körperwarm, ist unser Traumgrund, der gehört sich selbst.

{M} Es ist nicht leicht, ein Körper zu sein. Nun, zum Beispiel, ist mein Begehren sehr fleischlich und daher unerfüllbar.

Ein Körper kann nicht ersetzt werden durch das Bild eines Körpers.
Das Begehren nach einem Körper kann nicht erfüllt werden durch das Wissen um diesen Körper.

Es gibt ein Begehren, das den Körper meint als Körper. Feine Fäden zwischen zwei Geweben.

Ich ergreife die Fäden, zupfe an ihnen, prüfe den Widerstand.
Ist es leichter, mit dem unerfüllten Begehren verknüpft zu sein als ohne es zu leben?

Ich ziehe die feinen gesponnenen Fäden zwischen dir und mir
aus meinem Körper, spüre ihre Spannung, die Widerständigkeit,
mit der sie sich lösen. Ist es meine oder deine?

Ich werde den Faden nicht zerreißen mit einem
raschen Ruck,
ihn nicht zerschneiden, ihn nicht in seiner Mitte
trennen.

Ich zupfe nur zärtlich an ihm, halte unmerklich
fester
und lasse ihn langsam aus meinem Körper gleiten.

{S} Du sagst, Das Begehren nach einem Körper
kann nicht erfüllt werden, und ich will nicht über
diese Zeile hinauslesen, denn ich weiß, es stimmt.
Auf ewig stimmt es, dass ein Begehren, das ein
bestimmtes ist, das seinen Artikel trägt wie ein
Harnisch, oder ein Visier, das sich nicht öffnen
lässt, ein solches Begehren, das stimmt, auf ewig, ob
es nun fleischlich sei, oder nicht, wird von Sinnen
versagt, ja muss es mit Bestimmtheit. Denn ein
Begehren, festgeschrieben als das eine, lässt keinen
Abgrund offen. Nichts, worüber wir balancieren
könnten. Wie hast du recht, das Wissen erfüllt uns
gar nichts!
Also bleiben wir im Traum haften, stehlen uns
lose Fäden, die achtlos auf die Erde gefallen, weil
kein Mensch mehr an sie denkt. Heben sie auf und
weben unseren Abgründen zartfeine Netze.

{M} Ich taste mich durch ein Netz, es schaukelt
unter mir, wiegt mich.
Die Fäden sind zu dünn, denke ich, sie werden
reißen.
Mein Körper, enger, hält sich an ihnen fest, tau-
melt.

Ich blicke nach unten.
Statt des Abgrunds sehe ich die Lücken, und das
Bild kippt.
Mit einem Mal werden die feinen Fäden zu etwas,
das mich festhält,
in einer Form, die ich schon längst nicht mehr bin.
Ich sehe die Lücken
und mein Körper wird weit, ein Ding aus Leere
und gedehnter Haut,
das hindurch will, durch die Öffnungen, wohin?

{S} Oft wenn ich in Abgründe schauen will, regnet
es. Die Ränder werden dann glitschig und mein
Blick rutscht an den Kanten willig ab. Die Witte-
rung eines Traums hatte ich einmal auf einen Stein
geschrieben, nun träufelt sie mir Regen wie Unmut
in die Schrift. Ich trotze allen Widrigkeiten. Aber
dem Zuspruch ebenso. Ich werde nicht in diesen
Abgrund springen. Kommst du mit?

{M} Ich werde mit dir nicht springen. Ich setze
mich mit dir auf einen Platz unter Palmen, mitten
in unserer Stadt. Das Licht der Morgensonne spielt
auf den Bildern dieser Nacht. Mitten im Bienen-
stock der Literatur stecken du und ich in einer
gemeinsamen Wabe. Duftendes Wachs deckt uns
zu, wir lauschen dem Wortsummen um uns, und du
legst sanft eine Hand auf meinen Schoß.
Nichts in mir löst sich auf, kein Schweiß und Blut.
Nur ein zartes Geborgensein,
genau richtig, von Wärme gefüllt. Etwas wuchs in
meinem Leib heute Nacht, was kein Abgrund war.

AUTOR*INNEN

Christian Goltsche
lebt und arbeitet seit 2011 als Übersetzer in Heidelberg. Er schreibt Lyrik, Kurzgeschichten, Romane, Songtexte und Pen- und Paper-Abenteuer. 2019 erschien sein erster Roman Nebensächlichkeiten. 2020 folgte Hans.

Leslie Green
74 Jahre alt, ehemaliger amerikanischer Soldat. Hat 50 Jahre in Deutschland gelebt. Schreibt Gedichte über Baseball – ein Spiel, das er in den letzten 66 Jahren gespielt und trainiert hat –, über das Gewinnen und Verlieren und darüber, immer wieder im nächsten Spiel, in der Liebe und im Leben noch eine Chance zu haben.

Cheyenne Leize
geboren 2001 in Weinheim und Studentin der Physik, schreibt am liebstem Lyrik im freien Versmaß über Gesellschaft, Emotionen, Zeit und die großen und kleinen Dinge, die sie im Leben beschäftigen.

Aling Ley
schreibt gerne Texte, die beim Lesen Bilder erschaffen oder Geschichten erzählen. Studiert außerdem Geowissenschaften und schätzt aller Art Schnittstellen zwischen Natur, Wissenschaft und Kunst.

Berta Martín de la Parte
ist in Valladolid (Spanien) geboren und studiert Psychologie. Seit 2000 lebt sie in Heidelberg. Sie hat zwei eigene Veröffentlichungen in spanischer sowie eine in deutscher Sprache: ¿Historias Verdaderas o Falsas?, La Emoción del Instante und die Dame mit dem Einkaufswagen. Sie selbst bezeichnet sich als Geschichtenerzählerin.

Sofie Morin
ist gebürtige Wienerin und lebt 2023 seit genau 20 Jahren bei Heidelberg. Sie war 2022 Teil der Expedition Poesie der UNESCO City of Literature Heidelberg. Am wohlsten fühlt sie sich zwischen Lyrik und Prosa und in literarischen Zwiesprachen, wie der mit Dorina Marlen Heller: „Schwestern im Vers. Zwiesprachen zwischen morgen und Frausein." Hier befindet sie sich im hellwachen Dialog über Traumgründe mit der Heidelberger Lyrikerin Miriam Tag.

Valentina Poveda
geboren in Quito, Ecuador, besitzt einen Bachelor in Germanistik und Romanistik und absolviert aktuell den Master „Literatur, Medien und Kultur der Moderne". Sie veröffentlichte 2011 das Kinderbuch „Soyfiero, un tiburón de otro mundo" und 2021 die Kurzgeschichtensammlung „Ein stummer Schrei" sowie diverse Texte in verschiedenen Literaturzeitschriften, wie 2023 das Essay „Manifest des Leidens" in der Literaturzeitschrift „Ostragehege".

Tabea Schünemann

Jahrgang 2000, wuchs in Marburg als Älteste von vier Schwestern auf. Seit ihrer Kindheit ist sie an Sprache, Literatur und Texten interessiert und schreibt vor allem Lyrik. Nach einem Freiwilligendienst in Jerusalem begann sie 2019 ihr Theologiestudium in Heidelberg und ist dort seit 2020 Teil von KAMINA. Einige ihrer Gedichte wurden im Rahmen des Literaturwettbewerbs 2022 um den Preis der Gruppe 48 in der Wunderwerk-Anthologie veröffentlicht.

Miriam Tag

Lyrikerin, promovierte Soziologin, Philosophin und somatische Mystikerin. 2019 Preis der Heidelberger Autorinnen und Autoren, 2021 Merck-Stipendiatin der Textwerkstatt Darmstadt/Forum für junge Literatur, 2022 Virtual Writer in Residence für Writers Victoria/Melbourne. Veröffentlichungen u.a. in „Das Narr", „Mosaik", „Ostragehege", „Versnetze", Lyrikpreis München und Anthologien.

Jonathan Wilfling

geb. 1998, Jura-Student, seit 02/2020 im Orga-Team von KAMINA, 2021 auf Shortlist für Heidelberger Autor:innenpreis.

INHALT